Schreiblernheft

Lateinische Ausgangsschrift

Verlag an der Ruhr

Impressum

Titel
Schreiblernheft
Lateinische Ausgangsschrift

Autoren
Redaktionsteam Verlag an der Ruhr

Verlag an der Ruhr
Mülheim an der Ruhr
www.verlagruhr.de

Geeignet für die Altersstufen 5–7

ISBN 978-3-8346-0370-8

Printed in Germany

Unser Beitrag zum Umweltschutz
Wir sind seit 2008 ein ÖKOPROFIT®-Betrieb und setzen uns damit aktiv für den Umweltschutz ein. Das ÖKOPROFIT®-Projekt unterstützt Betriebe dabei, die Umwelt durch nachhaltiges Wirtschaften zu entlasten.
Unsere Produkte sind grundsätzlich auf chlorfrei gebleichtes und nach Umweltschutzstandards zertifiziertes Papier gedruckt.

i i i i i i

i

i

i

i

i

J J J J J J

J

J

J

J

J

m m m m

m

m

m

m

im im

M M M

M

M

M

M

M i m i Mimi

t t t t t

t

t

t

t

m i t mit

T T T T T

T

T

T

T

T i m Tim

a a a a

a

a

a

a

Tom Tom

O O O O O

O

O

O

O

Omi mit Tom

r r r r r r r

r

r

r

r

Tom im Tor

R R R

R

R

R

R

Rom

s s s s s s

s

s

s

s

Tim isst mit.

S S S S S

S

S

S

S

Simon

l l l l l l l

l

l

l

l

Toll!

L L L L L

L

L

L

L

Los!

e e e e e e e

e

e

e

e

Lene liest.

E E E E E

E

E

E

E

Esel

a a a a a

a

a

a

a

Mama malt.

A A A A

A

A

A

A

Arm

n n n n n

n

n

n

n

niest

N N N

N

N

N

N

Nora niest.

f f f f f f

f

f

f

f

Affe

F F F F F

F

F

F

F

Affe mit Fell

p p p p

p

p

p

p

Apfel

P P P P P

P

P

P

P

Papa pfeift.

d d d d

d

d

d

d

dann, dort

D D D D

D

D

D

D

Dose

h h h h h

h

h

h

h

hin, her

H H H H

H

H

H

H

Hallo!

u u u u u u

u

u

u

u

und, Hund

U U U U

U

U

U

U

Uhu, Uhr

k

k

krank

K

K

Katrin ist krank.

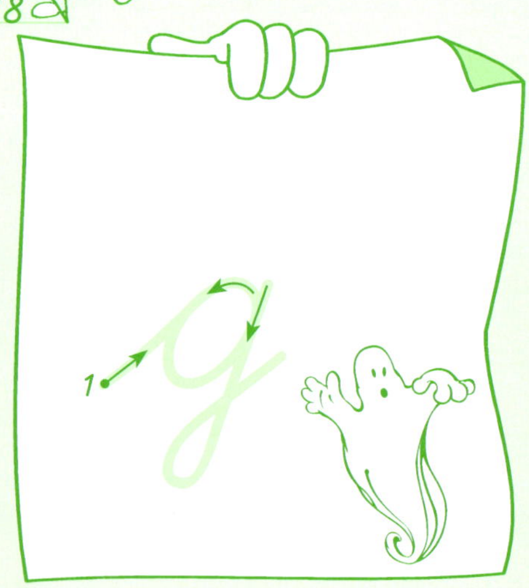

g

g

gern, gut

G

G

Die Gans ist gar.

b

b

blau, bunt

B

B

Der Ball ist bunt.

c c c c c c c c c c c

c

c

c

C

C

Clown

w

w

wie, was, wollen

W

W

Willi will Wasser.

v

v

von, viel, vielleicht

V

V

Vogel, Vase

j

j

ja, jeder

J

J

Junge mit Jojo

y

y

Pony

Y

Y

Das Yak macht Yoga.

z

z

zum, Weizen

Z

Z

Zauberer, Zebra

x

x

Hexe, Axt

X

X

Xenia spielt Xylophon.

sp

sp

spielen, sparen

Sp

Sp

Spinne, Sport

st

st

stehen, stark

St

St

Stern, Star

qu

qu

qu

quer, quaken

Qu

Qu

Qu

Quark, Qualle

sch

sch

sch

schlafen, rascheln

Sch

Sch

Sch

Schuh, Schule

pf

pf

pf

pfeifen

Pf

Pf

Pf

Pferd

ch

Ch

ch

lachen, machen

Ch

China

ck

ck

ck

ck

Sack

tz

tz

tz

tz

Mütze

au

Au

au

auf der Mauer

Au

Augen, Auto

eu

Eu

eu

teuer, heute

Eu

Euro, Eule

ei

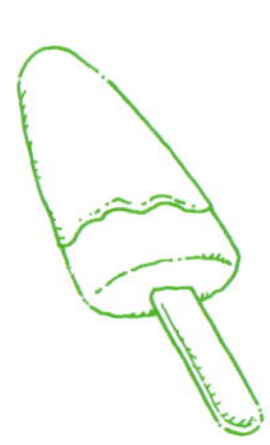

Ei

ei

eine Leiter

Ei

ein Eis

ö Ö

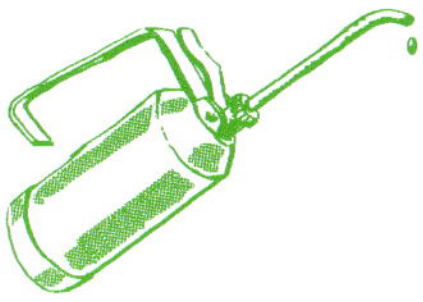

ö

Fön, Söhne

Ö

Öse, Öl

ü Ü

ü

üben, über

Ü

Überholverbot

ä Ä

ä

ärgern

Ä

Ähre

ß ß

ß

ß

Füße, groß, heiß

Sommer und Winter

Spure die Sommer-Wörter rot nach.
Spure die Winter-Wörter grün nach.

Schreibe die Wörter in die Tabelle.
Fallen dir noch mehr ein?

Sommer	Winter

Ein Wort passt zu beiden:

Am Himmel

Spure die Himmel-Wörter nach.

Flugzeug Wolke Schneeflocke Mond

Sterne Planet Sonne Satellit

Ballon Zeppelin Drachen Vogel

Schreibe die Himmel-Wörter in die Wolken.

Zauberei!

Spure die Wörter nach.

einmal Hase Hut

Heu Abrakadabra

hoppelte Zauberstab

Zauberer glücklich

Setze die richtigen Wörter ein.

Es war ____ ein ____.

Er ____ herum.

Eines Tages fand er einen ____.

Er gab ihn dem ____.

Der Zauberer sagte: „____!"

und holte dem Hasen ____ aus

seinem ____.

Da war der Hase sehr ____.

Schreibschrift-Pass

(Name)

kann alle großen und kleinen Buchstaben lesen und schreiben und ist daher berechtigt, den Schreibschrift-Pass zu tragen.

Herzlichen Glückwunsch!

Ort, Datum

Unterschrift

Didaktische und methodische Hinweise

für Lehrerinnen und Lehrer

Zum Aufbau des Lehrgangs

Mit diesem Heft können sich die Kinder die Schreibschrift selbst erarbeiten.
Sie arbeiten dabei in ihrem eigenen Tempo. Deshalb eignet sich dieser Schreiblehrgang besonders für den offenen Anfangsunterricht oder den Unterricht in der jahrgangsübergreifenden Eingangsstufe.

Die Anlautbilder, die die meisten Kinder bereits von der Druckschrift und der Arbeit mit der Anlauttabelle kennen, helfen ihnen, den Buchstaben zu erkennen. Dass es zu jedem Anlaut einen großen und einen kleinen Buchstaben gibt, wissen die Kinder ja schon von der Druckschrift.

Die Übungen in diesem Lehrgang beschränken sich auf das Wesentliche. Ziel ist das sichere Erlernen der verbundenen Schrift. Erst im hinteren Teil (ab S. 30) arbeiten die Kinder auch an Übungen, in denen sie die Schrift in einem inhaltlichen Zusammenhang anwenden.

Die Reihenfolge der Buchstaben richtet sich nach dem graphomotorischen Prinzip sowie nach der Häufigkeit des Vorkommens. Buchstaben mit ähnlichen Formen werden nacheinander gelernt. Seltener vorkommende Buchstaben sowie Buchstabengruppen lernen die Schüler erst im Anschluss.

Zu den einzelnen Übungen

Die Pfeile in den großen Nachspurbuchstaben geben Schreibanfang und Schreibrichtung an.
Der kleine Punkt an manchen Pfeilen bedeutet, dass hier der Stift (neu) angesetzt werden muss.

 Richtungspfeil mit Startpunkt

 einfacher Richtungspfeil

Schritt für Schritt üben die Kinder den Buchstaben nun in verschiedenen Größen, bis sie ihn eigenständig schreiben können.
Dazu spuren sie den großen Buchstaben im Kasten zunächst einige Male nach.

Auf den Schreiblinien spuren sie nur die blass gedruckten Buchstaben nach und ergänzen die Reihen dann selbstständig.
Dabei erlernen sie nach und nach auch die Buchstabenübergänge der verbundenen Schrift, indem sie ganze Wörter schreiben.

Das Haus dient als Orientierung für die Ober- und Unterlängen.